CORRESPONDANCE

LIBÉRALE.

CORRESPONDANCE

LIBÉRALE.

Personne n'a cru, en voyant arriver les libéraux au pouvoir, que nous aurions plus de liberté. Ce n'est pas pour cela qu'ils ont fait une révolution, nul n'en doute; l'état de la France, l'encombrement des prisons l'attestent assez. Toutefois, quand l'arbitraire est exercé par des hommes d'un jugement sain, il n'est pas toujours intolérable; mais il devient dégradant, quand il se trouve à la discrétion de ces individus d'un caractère emporté, violent, qui n'ont pas, pour s'arrêter, pour se modérer, le frein de l'éducation.

La correspondance que nous publions est un échantillon du savoir et des principes de ces nouveaux adeptes, et l'on peut dire : *ab uno disce omnes.*

Espérons que notre belle France, hier encore si heureuse, verra peu à peu l'ordre se rétablir, et que de même que dans nos fleuves troublés par les tempêtes, le limon retombe au fond des eaux, à la renaissance du calme; de même aussi, après cette tourmente, les esprits sages et réfléchis seront rappelés aux emplois, et particulièrement à ces emplois municipaux qui, pour être exercés avec fruit, doivent être remis en des mains paternelles.

1

Cette correspondance a eu lieu entre M. Labey (Pierre-Aimé), maire de Basseneville (canton de Dives, Calvados), et M. le baron de Marguerit, propriétaire.

———

(Nous respectons l'orthographe de M. Labey.)

Basseneville, 29 août 1831.

Je m'empresse Monsieur Le Baron de venir a votre secours. Je souffre de vous voir prendre Tant de peine pour empecher ma réelection aux fonctions de maire. Vous proposés aux ouvriers de leur donner de l'ouvrage, a condition qu'ils ne me donneroient pas leurs voix, aux prochaines elections communales. Ce moyen reussira-Til ? c'est une question. Basseneville n'est pas un bourg pourri ; et certes il n'y a guerre de parité entre un Baron anglais et vous.

Je vais vous indiquer moi, un moyen facile de reussite, mais Certain, infaillible ; c'est de prendre l'engagement, sous la garantie de dix mille francs, d'employer a l'avenir, proportion gardée entre votre fortune et la mienne, autant d'ouvriers que J'en occupe Et Je Prends Celui, sous la même garantie, de donner aussi tot ma demission et de ne point accepter a l'avenir les fonctions de maire si elles metoient de nouveau conferées. Que si d'ici a votre depart Je ne reçois pas votre adesion a ma proposition Je publie ma lettre et les prommesses que vous avez faites aux ouvriers seront comprises dans les cent mille gasconades que vous debités journellement.

Le maire de Basseneville.

A Labey.

RÉPONSE.

Au Château de Barneville, le 29 août 1831.

Vous n'êtes pas *Gascon*, vous, Monsieur, vous êtes Normand, et je me doute que c'est à ce titre que vous devez vos dispositions au mensonge; car, aujourd'hui encore, vous blessez la vérité. Mais que ne blesse pas un esprit tourné comme le vôtre !

J'ai déclaré, non que je m'opposais à ce qu'on vous nommât maire; mais que si vous continuiez à l'être, je ne pourrais ni venir au secours des nécessiteux, comme je le fais tous les ans; ni donner du travail aux ouvriers, comme j'y ai toujours été porté, surtout depuis les désastreuses circonstances qui ont fait de vous un personnage, et qui ont si durement pesé sur eux et sur nous tous, gens de bien (1).

Le pourrais-je, en effet? m'en laissez-vous les moyens? Vous repoussez les personnes qui se présentent en mon nom et au nom de M. le marquis de Beaumont, lorsqu'il s'agit de voter des contributions extraordinaires. Cela n'est ni légal, ni convenable envers les deux plus hauts cotisés de la commune qui, en pareille occasion, doivent du moins être entendus (2).

Vous avez annulé la délibération du 24 février qui con-

---

(1) J'ai dépensé l'hiver dernier plus de 1,200 fr. à des travaux qui n'ont eu pour but principal que d'occuper des bras oisifs. Ces travaux n'avaient rien de pressant; je pouvais les différer. L'adjoint de la commune, qui était maire alors, m'a puissamment aidé pour une partie de ces travaux.

(2) J'y paie 2,690 fr. de contributions foncières.

trariait vos idées, et vous avez été jusqu'à m'en refuser une expédition dont j'offrais de payer le coût, et qui m'est nécessaire pour me pourvoir contre votre conduite arbitraire.

Votre langage habituel n'est-il pas : *je veux* ? Vous n'avez pas oublié, j'imagine, comment M. Mioque, avocat, et d'autres, ont reçu cette locution *libérale* dans le conseil où vous vous l'êtes permise.

Ne m'avez-vous pas fait porter dans le rôle du mobilier de la commune, comme si je ne payais nulle part de mobilier; tandis que vous n'ignorez point que mon domicile réel est à Paris, où, sans nul doute, je paie cette sorte d'impôt. Je l'y paie, sans discontinuation depuis trente ans seulement, et l'on ne le doit pas en deux endroits à-la-fois. Est-ce à moi de dire cela à un homme revêtu de deux magistratures : maire et suppléant du juge de paix, et de plus membre du conseil d'arrondissement? Vous avez voulu vous donner la petite satisfaction de me procurer le dégoût d'une réclamation qui ne peut avoir, vous le savez, un résultat douteux. Mais un désagrément pour moi est une jouissance pour vous. Voilà votre force, à vous, homme de cinquante ans, et magistrat double.

Je ne sais pas si c'est une *gasconnade* que de me proposer d'employer, proportion gardée entre nos revenus, le même nombre d'ouvriers que vous. Je pense bien que vous ne pousseriez pas votre proposition très loin. Je ne fais rien valoir par moi-même; toutes nos propriétés sont affermées, et ce sont les détenteurs qui font faire les travaux que la culture exige. C'est par malice sûrement que vous ne voulez pas me parler avec un peu de bon sens; cela ne gâterait rien, même aux lettres d'un libéral devenu maire; je m'exprime ainsi, car je vois au-dessus de votre signature votre qualité de maire.

Elle est honorable pour vous, cette qualité, et vous faites bien de vous en parer ; mais pour la commune.... Prononcez vous-même, et n'interrogez pas les gens sages du pays, qui voient et jugent vos actes.

Si, aux prochaines élections municipales, vous rentrez dans le conseil, sera-ce à l'amour des habitans ou à la crainte que vous le devrez? Vous venez d'avoir la preuve des senti-mens qu'on a pour vous. La garde nationale, qui est la commune entière, a repoussé vos candidats. Vous avez arbitrairement, mais vainement, annulé la première élection ; car vous brisez tout ce qui vous contrarie. La seconde a reproduit les choix, certes, très bons, qui avaient excité votre colère. Cette conduite insultante n'a pu faire de ces citoyens libres, une agrégation servile. La commune n'est pas encore un *bourg pourri*, vous l'éprouvez. Puissent les habitans, électeurs communaux, montrer la même fermeté, la même indépendance, et vous serez remis à la place qui vous appartient.

Vous êtes notre maître aujourd'hui. Agent secret et patent de la préfecture, dénoncez au grand jour, dénoncez dans l'ombre, vous êtes assuré d'un appui ; ce qui ne veut pas dire que vous serez assuré d'un succès : témoin votre dénonciation contre M. le desservant de la commune. J'ai vu des hommes qui avaient plus de science et de courage que vous, s'il est possible, triompher aussi un moment, abuser aussi de leur position pour tyranniser en parlant de *liberté* ; ces hommes-là, je les vis peu après monter à l'échafaud. Soyez le maître, je vous le répète. Mais, ne l'oubliez pas, la justice, lente quelquefois, arrive à la fin : *pede pœna claudo*.

Je vois, par les surcharges et les ratures de votre lettre, que vous avez mis du soin à polir votre style. Encore quelques efforts , et vous auriez écrit en français. Cette coquetterie me prouve qu'en effet, comme vous le dites, vous destiniez cette production à la presse. L'idée est heureuse; et quoique mon amour-propre ait à souffrir de cette publicité, je ne puis la blâmer. Il est juste que vos concitoyens, qui connaissent depuis long-temps vos vertus, ne soient pas plus en doute sur vos talens. On ne peut mieux, d'ailleurs, s'y prendre pour justifier l'autorité des nombreux emplois dont elle vous a investi. Mais ce que vous n'imprimerez pas, j'en ai la conviction, c'est ma réponse. Je vous y autorise pourtant.

Signé MARGUERIT.

SECONDE LETTRE DE M. LABEY.

Basseneville, 5 septembre 1831.

Vous avez une plume d'or, Monsieur Le Baron, c'est bien dommage que vous la trempiés dans le fiel et qu'il n'en decoule que mensonges et calomnies. Vous ecrivez fort bien le français et c'est fort avantageux pour un homme qui ne l'est pas ; Et J'entends qu'on est pas français quand on tire son elevation des malheurs de la france , que les decorations et titres dont on fait etalage sont autant de stigmates reçut par la patrie. Vous avez, à la suite des armées etrangeres bien entendu, eté fait deux fois chevalier et de plus Baron sans bruler une amorce. J'aurais, vous le voyez, assez d'avantage pour vous retorquer votre Calembourg , mais il me semble plus convenable a mon esprit simple, de dire franchement que vous ne devez toutes ces faveurs qu'a votre emminent esprit de Duplicité.

Vous pensez m'injurier par le titre de maire liberal, Je ne vous traiterai pas de chevalier libéral, vous Monsieur vous n'avez de libéralisme ny au propre ni au figuré. Vous etes au contraire bien connu pour un homme dont le seul mobile est l'interêt, pour un homme profondement egoïste ; quel est celui qui a eu affaire a vous, dans notre pays qui n'ait eu a se plaindre de votre mauvaise foi.

Au surplus Je n'ai entrepris ici de faire votre panegirique ni d'enumerer toutes vos Turpitudes, cela serait trop long et trop degoutant. Je finis en convenant avec vous qu'il y a dans votre lettre une verité, mais une seule, c'est que je ne la ferai pas imprimer. Ce soin vous regarde chacun doit faire les frais et est responsable de ses œuvres. Je pense a mon tour que vous n'oserez pas le faire vous même, il y a des loix contre les calomniateurs et je vous attends.

A. LABEY.

RÉPONSE.

Paris, le 20 septembre 1831.

Mon projet n'était pas de faire imprimer notre correspondance, Monsieur ; je vous laissais ce soin. Vous m'aviez menacé tout d'abord de cette publicité ; mais vous y avez renoncé dès que vous avez vu qu'elle ne m'effrayait pas. Elle vous effraie donc à présent, vous qui la vouliez ? Ma lettre vous a fait réfléchir ; toutefois, les choses n'auraient pas été plus loin de ma part sans votre lettre du 5 septembre ; mais cette lettre est

si belle , que le public ne doit pas en être privé ; je serais blâ-
mable si je l'ensevelissais dans mon portefeuille. C'était pourtant là évidemment votre intention , et c'est dans cette vue
que vous l'avez assaisonnée de faits faux , d'injures, de mé-
chancetés; vous vous flattiez que ces accusations méprisables
m'empêcheraient de la produire. Eh bien ! c'est cela précisé-
ment qui m'y détermine ; car ce que vous m'écrivez est, je
le sais , le sujet de vos déclamations journalières contre moi
dans le pays : vous me fournissez l'occasion de les éclaircir et
de vous faire connaître. Cette lettre ne paraîtra pas seule, j'y
joins la première , moins belle sans doute , mais belle aussi ;
le public , pour bien juger entre nous , ne doit rien ignorer.

Vous me menacez de poursuites si cette publication a lieu.
Vous redoutez donc le jugement de vos concitoyens? A quoi
serviraient ici les tribunaux ? la presse n'est-elle pas pour vous
comme pour moi? Elle a été votre première pensée dans cette
affaire; croyez-moi, qu'elle soit la dernière aussi : c'est un
tribunal qui tient la balance égale, et qui ne peut être répudié
que par ceux qui veulent tyranniser dans l'ombre.

J'aborde sans crainte vos accusations ; la réfutation en sera
succincte, mais claire , sans réplique : les rapporter, c'est
presque y répondre , pour ceux qui nous connaissent tous
les deux.

Mais d'abord , pourquoi ces accusations, vraies personna-
lités ? ai-je été vous rechercher ailleurs que dans les actes de
votre administration, qui nous intéressent tous? C'était la
justification ou l'explication de ces actes qui devaient être l'objet de votre réponse, car je n'avais fait qu'user d'un droit.
Rappelons les faits.

1°. Avez-vous annulé ou méconnu la délibération du 24 février ? 2°. Avez-vous provoqué, le 13 mai, la remise en

question de ce qui avait été légalement décidé par cette délibération ? 3°. Ne m'avez-vous pas refusé la copie de ces deux délibérations que je réclamais? 4°. Ne m'avez-vous pas fait comprendre au rôle mobilier de votre commune, où je n'ai pas mon domicile? 5°. N'avez-vous pas rejeté les nominations faites dans la garde nationale et obligé les habitans à en faire de nouvelles, qui, à votre honte, ont reproduit les choix qui vous déplaisaient? 6°. Quand vous présidez des assemblées, maîtrisez-vous convenablement votre caractère altier, et votre expression habituelle pour éviter les contradictions n'est-elle pas celle-ci : Je veux? comme si les conseils ne se réunissaient que pour consacrer vos volontés. 7°. N'avez-vous pas dénoncé M. le desservant, qui, heureusement, a rendu vains vos efforts, pour lui susciter un procès politique?

Tels étaient les principaux objets de ma lettre : est-ce à cela que vous répondez dans votre *réponse?* Votre silence annonce votre embarras, et c'est passer condamnation que de se taire. Ne vous abusez pas, néanmoins, s'il se rencontre dans ces faits, dont pour le moment je ne puis assigner la gravité, un intérêt réel pour moi et pour ceux qu'ils blessent, ils seront examinés par un pouvoir supérieur. Je sais déjà que, sans casser ce qui a été délibéré, il vous a été enjoint d'agir désormais avec plus de prudence. C'est par dépit, sans doute, qu'au lieu de traiter ce qui est en question entre nous, vous vous ruez sur moi; mais vous le faites avec toute la maladresse et l'ignorance d'un athlète qui n'écoute que sa colère.

C'est, en premier lieu, mon égoïsme, ma dureté pour les pauvres, qui vous occupent : y a-t-il dans ce reproche, au milieu d'une commune qui me connaît depuis 30 ans, quelque habileté? est-ce là ce qui a pu vous faire espérer que je n'oserais faire usage de votre lettre? Cette accusation est une étourderie, elle ne peut pas répondre à vos intentions. Qu'on consulte les habitans, les pauvres surtout, c'est la voix de ceux qui souffrent et que j'aurais dû soulager, que je veux entendre, et non la vôtre. Au reste, n'avez-vous pas dix mille francs en caisse pour parier contre moi ? Faites-en un usage plus sensé, employez-les à secourir les pauvres et à faire travailler les ouvriers. On vous bénira.

Vous m'accusez ensuite de mauvaise foi envers tout le monde. C'est encore votre voix, votre seule voix que j'entends ici. Ce grief, cela est certain, il vous appartient plus qu'à personne de le signaler dans autrui. La mauvaise foi est une épithète attachée à mon nom ; je ne l'ignore point. Après avoir joui trente ans d'intérêts importans dans le pays, voilà la réputation que j'y ai acquise ; qu'y faire ? je ne puis guère espérer aujourd'hui de changer l'opinion. Plus heureux, vous, le mot *probité* s'attache à votre nom : on dit partout : la *probité Labey* ; c'est un proverbe, et vous avez la douceur de l'entendre journellement résonner à vos oreilles. Est-ce cela ? N'allez pas prendre ce langage pour de l'ironie ; mais afin de lever toute équivoque, je vous proclame un homme très loyal, comme vous me proclamez un homme de mauvaise foi. Chacun doit jouir de sa renommée. Je ne réclame pas contre la mienne, et vous vous applaudissez vraisemblablement de la vôtre. Heureux quand chacun est ainsi satisfait.

Mais voici qui n'est pas moins grave. Je suis un chevalier décoré de deux croix et d'un titre obtenu à la suite des étrangers ; c'est aux *stygmates* de la *patrie* que je dois mes honneurs ; je n'ai jamais brûlé une amorce.

Voilà, certes, de bien vilaines choses. Mes réponses seront simples ; il faut quelque sérieux ici.

1°. Je n'ai de ma vie été au service ni à la suite des étrangers ; je ne leur dois donc rien. Ce démenti est net et restera de votre part sans réponse, mais il ne vous embarrassera pas ; la vérité est une vieillerie dont un homme comme vous se met peu en peine.

2°. Mes honneurs, je les dois au roi Louis XVIII, à l'auteur d'une Charte qu'on a beaucoup louée, dans le temps surtout qu'on méditait le plus sa destruction. C'est sans doute ce prince qui a stygmatisé la France quand par sa seule influence et le respect qu'avait l'Europe pour sa personne, il en a empêché le partage. Je conviens que sous son sceptre nous avons été très malheureux : son gouvernement, en effet, n'a pensé à vous ni pour des honneurs ni pour des places ; la patrie n'est heureuse que depuis que vous la servez, vous et les vôtres ; mais aussi elle l'est beaucoup ; le pouvoir est bien placé en vos mains, et nous n'avons aucuns regrets à donner à l'époque des *stigmates* : demandez aux propriétaires qui vendent si bien leurs produits et dont on double les impôts ; aux fabriques et manufactures qui sont fermées ; au commerce, qui a déposé son bilan ; aux ouvriers, qui n'ont plus de pain, mais à qui, sans doute, vous allez en donner ; interrogez les arts et les sciences, tout peut vous apprendre de quel bonheur jouit la France depuis que ses stygmates sont l'objet de vos sollicitudes. Le dirai-je ? Il m'a paru plus d'une fois qu'il restait encore quelque peu à désirer aux habitans de votre commune, même après qu'ils avaient, en vos jours de grandeurs, admiré à votre boutonnière un long ruban tricolore

> Dont la moitié flottait aux vents abandonnée,

car vous en avez tout seul pour orner six chevaliers, vous qui pourtant n'aimez pas les chevaliers.

Comment un magistrat municipal, revêtu de tant d'autres emplois, qui juge si sainement des choses et voit la politique de si haut, peut-il se dire *un esprit simple !* Il y a là une modestie outrée. Mais, vous le savez bien, on ne vous prendra pas au mot. Y pensez-vous? Partout, et on va le voir encore tout-à-l'heure, vous vous montrez réfléchi, solide, tel que personne n'en attendait autant de vous; vous me surprenez moi-même, moi qui vous connais depuis long-temps, et qui recevais tout récemment encore tant de politesses de votre plume, alors que vous ne pensiez pas à pleurer sur les stygmates de la patrie; que vous n'aviez point encore découvert ma dureté, mon égoïsme, ma mauvaise foi, et que vous n'aviez pas examiné si mes honneurs étaient légitimement acquis.

3°. Je les ai acquis, ces honneurs, sans avoir jamais *brûlé une amorce.....* Quelle rougeur cette révélation me fait monter au front !

Les aurait-il, à votre sentiment, mérités, celui qui se serait trouvé à Valmy; à ce Valmy dont on parle tant depuis un an, et dont, dans le temps, on parla si peu? J'y étais. — Louis-Philippe y a rehaussé le plus beau fleuron de sa couronne; pourquoi n'y aurais-je pas gagné mes honneurs? Ce fut là que lui, moi et une foule d'autres, vîmes pour la première fois *déchirer la cartouche;* vous ne doutez pas qu'on n'y ait aussi *brûlé des amorces.* On en a brûlé plus encore dans d'autres rencontres où je me suis également trouvé : à Zurich, à Möskirch, à Hohenlinden. — Les preuves? — Je serai bref : les états de service ont peu d'intérêt.

Les miens, pour la bataille de Zurich du moins, sont depuis long-temps imprimés. Ce fut près de moi que tomba, mortellement blessé, le célèbre Lavater, cet ami de la vraie liberté, que j'avais connu quand, proscrits l'un et l'autre, lui par les libéraux suisses, moi par ceux de France, nous errions sans asile dans le même pays. La correspondance de cet homme de bien, publiée après sa mort (1), et dans laquelle il parle de moi avec cette même bienveillance que j'avais déjà trouvée dans ses lettres particulières, que je conserve, est-elle un témoignage suffisant pour vous convaincre que j'étais à cette bataille, qui fut rude? Une amorce au moins y fut brûlée, Lavater ne l'a que trop éprouvé! Celle-là, je n'ai pas besoin de vous le dire, ne fut pas brûlée par moi. Mais, pensez-vous qu'en pareils momens on se contente d'être spectateur et qu'on regarde faire l'arme au bras? Pardonnez-moi donc mes décorations, ne fût-ce qu'à cause de Valmy, et Dieu vous préserve d'en recevoir de semblables aux prix des mêmes blessures qui me les ont values. Ne pleurez donc plus; la patrie, comme vous voyez, est désintéressée. Je ne vous parle pas de la maison militaire du Roi, de Gand; je ménage vos nerfs. Il y aurait de quoi vous faire tomber en syncope, si j'allais avouer mon éternel attachement à l'auteur de la Charte et à sa dynastie. Je ne suis point en doute de quels honneurs vous me décoreriez, en certaine occurrence, pour de tels sentimens; ces honneurs, je le soupçonne, ce ne serait pas de me faire deux fois chevalier. Il est vrai que pour faire un chevalier il faut une épée et vous n'en avez point.

Voilà donc les traits les plus acérés que votre cerveau ait pu inventer pour ma confusion! Que deviennent-ils? Vous avez toute la bonne volonté d'être malin, on le voit; mais les mots s'arrangent si péniblement sous votre plume que vos malices ne paraissent guère qu'en intention: c'est un muet qui essaie en vain de parler; c'est un castrat dont les efforts ne font qu'attester l'impuissance.

---

(1) *Wintherthur*, 1800, deux vol. in-8°.

Quand vous vous sentez ainsi en verve , rien ne vous retient. Vous me poursuivez partout où vous croyez que vos coups peuvent m'atteindre. Vous mandez à M. de Beaumont que j'ai déclaré que je ne *vous recevrais plus au château.* Cela est vrai. Mais j'ai ajouté : *à moins que ce ne soit pour affaires.* Vous n'avez donc dit qu'une demi-vérité , et une demi-vérité ainsi énoncée, est , au fait , un mensonge.

Mais voici une assertion où rien n'est à demi. Vous dites, dans la même lettre, que je veux que vous et les autres fermiers ne fassiez usage que de sabots; que vous quittiez les souliers. J'exige plus, tant va loin ma tyrannie, j'exige , et je vous l'ai *répété maintes fois*, qu'ils relèvent eux-mêmes les fossés et rigoles de leurs fermes , et qu'ils cessent de se servir de domestiques.

Ici, j'entends se récrier : impossible, dit-on de toutes parts, que M. Aimé Labey ait écrit de telles choses! — Impossible. Écoutez donc, incrédules, voici le texte; je le copie, M. Labey, de peur qu'on ne croie que je vous calomnie. On va le lire, avec votre orthographe, afin qu'on l'ait dans toute sa pureté.

« Si nous avions l'honneur d'être connus de vous, vous ne
» nous Traiteriez pas comme des serfs attachés a la glebe,
» vous Monsieur Le Marquis, dont les ancêtres ont eu des
» serfs, vous ne nous enviriez pas nos souliers. Vous ne pre-
» tendriez pas que vos fermiers, qui tous ont un pecule a
» eux, doivent porter des sabots, curer eux mêmes les fos-
» sés et rigoles de leurs fermes, et navoir pas de domesti-
» ques. Tout cela si M. le Baron ne me l'avoit pas maintes
» fois répété, depuis 1814, ne seroit que ʀɪᴅɪᴄᴜʟᴇ. »

(Lettre du 28 août 1831.)

Voilà vos paroles! Comment oserai-je reparaître en Normandie où elles vont avoir de la publicité! Les fermiers, obligés de se débotter à ma porte et de chausser des sabots! Qui sait? ils m'assailliront peut-être à mon arrivée, et me casseront la tête avec ces mêmes sabots que je les aurai forcés d'avoir aux pieds pour chaussure? M. Labey, je ne sais pas au juste quelle place vous occupez dans l'esprit de vos voisins; mais quelle qu'elle soit, personne, je le pense du moins, ne se serait avisé de vous ravaler si bas. Moi-même, que vos prétentions n'abusaient pas trop, je ne vous aurais pas fait descendre à ce degré de sottise.

Vous avez peine à vous dissimuler à vous-même le RIDICULE de ce que vous venez d'écrire. Oui, Monsieur, il y a là du ridicule, il y en a à pleines mains. Ces fermiers que je réduis, selon vous, à une si bizarre condition, vont, j'en suis certain, beaucoup rire en apprenant tout cela. Quant à moi, je n'ai pas le courage de rire, je lève les épaules, et me dis, avec un sentiment d'amertume : « Cet homme est à la tête » d'une grande commune; il monte sur le siége des magis- » trats, pour juger, d'un regard assuré peut-être, de bons » cultivateurs, d'honnêtes citoyens; il influe sur le sort ad- » ministratif d'un arrondissement! *O tempora! ô mores!*

Je m'arrête ici. Qu'ajouterais-je?

Dans ma première lettre, je vous ai complimenté sur votre style; je n'en dirai rien dans celle-ci; je n'ai rien à en dire, sinon que votre savoir est toujours le même. Vous êtes Français de cœur; il suffit; la grammaire peut être offensée, sans que vous cessiez de l'être. L'orthographe ne dépare point votre style; je me fais un devoir de vous l'apprendre, car vous êtes de force à ne pas vous en douter. J'ai compté trente-une fautes dans les dix-neuf lignes de votre première lettre; j'en trouve quarante-neuf dans la seconde. C'est beaucoup; il y a même là du luxe. Je fais cette remarque pour que mes lettres vous soient profitables en quelque chose, ne fût-ce qu'à vous faire sentir le besoin d'un instituteur et pour la commune et pour vous-même. Mais que ce vice d'éducation ne vous alarme pas. Combien de bonnes cuisinières qui n'en savent pas plus que vous et qu'on garde! On vous gardera aussi; vous êtes un homme à l'ordre du jour, et l'on n'en exige pas davantage pour le moment. Caligula ne fit-il pas son cheval consul? Allez, vous resterez maire, suppléant du juge de paix et conseiller de canton; vous avez toutes les qualités requises. Ah! il n'est que trop vrai! Et nous, malheureux Français, qui nous disons libres, nous en sommes réduits, dans certaines localités, à envier le sort des Romains sous un tyran qui ne leur imposa du moins qu'un des animaux les plus nobles de la création!

Jusqu'à quand?.....

Sur l'équité des Dieux osons nous confier.

BARON DE MARGUERIT,
Chevalier de Saint-Louis et de la Légion-d'Honneur.

P. S. Permettez encore. Vous avez la prétention de vous connaître en style, et vous m'attribuez une lettre dont je n'ai pas lu une seule ligne, et qui a été écrite à trente-cinq lieues de l'endroit où je me trouvais.

Dans la lettre où vous faites cette bévue, vous parlez de

mes *chicanes*; et c'est vous qui les multipliez. Vous écrivez lettre sur lettre à l'occasion des réparations de votre ferme, qui sont dues par M. Le Comte, votre prédécesseur, lequel vous offre, devant tout le monde, de les faire, et ne se refuse à aucune des charges qui le regardent. Que veut cela dire? que vous avez la ridicule manie d'écrire, et la sottise de vous plaindre sans motifs. Où seraient mes chicanes ici? La ferme n'est pas à moi, et toutes vos réclamations me sont absolument étrangères; mais vous avez besoin de me chercher partout. Vous m'avez trouvé aujourd'hui; restons-en là. Quant à moi, je ne vous répondrai plus, et je demande pardon au public de l'avoir entretenu de cette querelle.

Imprimerie de P. Delaforest (Moratval), rue des Bons-Enfans, n°. 34.